미순쌤의
초등 1~2학년 영어 3

방과 후 놀이영어
수업을 위한 교재

미순쌤의
초등 1~2학년 영어 3

생각나눔

누구든 영어를 잘하고 싶은 사람은 생활 속에 자신의 관심 분야를 놀이 영어로 습관처럼 반복하는 것이 그 비결이다. 마치 악보는 읽지 못해도 노래의 멜로디는 잘 부르는 것과 같다. 그런 의미에서 미순쌤의 본 교재는 영어를 쉽고 재밌게 배우고자 하는 어린이들에게는 매우 유용한 책으로 적극 추천한다.

– 삼육대학교 음악학과 교수 김철호

저자 이미순 선생을 알고 지낸 지 10여 년쯤 된 것 같다. 언제나 활기 있으시고 에너지 넘쳐서 주위 사람들을 기분 좋게 해주는 능력을 가지신 분이다. 이번에 초등학생을 위한 방과 후 교재를 보니 이 선생의 열정이 들여다보인다. 적절한 삽화와 사진, 실용적이고 아이들 눈높이에 맞춘 단어 선택들, 새로운 언어의 접근이 흥미와 반복 학습으로 이루어진다고 보면 이번 책은 아주 적절한 교재라고 추천하고 싶다.

– 서울연합내과 원장 김기찬

이 책은 제 업무 영어에 많은 도움을 주신 미순쌤의 초등학교 저학년을 위한 교재입니다. 처음 영어를 접하는 친구들이 어떻게 접근하면 좋을지, 영어가 마냥 어렵다고만 알고 있는 친구들에게 도움이 많이 될 것입니다. 일상생활에서 도움이 되는 주제별 단어 정리, 컬러링과 게임을 통해 즐겁고 재미있게 영어를 접할 수 있습니다. 부디 친구들이 이 책을 통해서 영어를 공부가 아닌 일상생활에서 사용하는 하나의 언어로 생각할 수 있으면 좋겠습니다.

– 외국계 회사 근무 정연미

이 책에는 저자가 오랜 기간 교육 현장에서 얻은 경험과 노하우가 책 속에 그대로 녹아 있다. 저자는 초등 1~2학년들에게 어렵고 지루할 수 있는 영어를 그림 그리기나 게임 등을 통해 재미있고 친숙하게 만들어 주고 있다. 이 책 하나면 영어를 재밌게 공부하기에 충분할 것 같다.

– CMS 랭귀지센터 유준

영어에 이제 막 첫발을 내딛는 초등학교 학생들에게 좋은 교재가 될 것입니다. 처음 영어를 어떻게 배우고, 인식하는지가 중요한데 아이들이 영어에 쉽게 다가가고, 흥미를 느낄 수 있도록 구성되어 있는 교재입니다.

– 서울대 재학 주종림

이 미 순 *Misoon Lee*

미국 Andrews University 졸업(석사)

홍연초, 녹천초, 경수초, 신남초, 구산초, 북성초, 개웅초, 경일초, 신정초, 방화초, 대청초, 청덕초 그 외 다수 방과 후 영어 강사

본 저자는 1995년에 한 초등학교에서 특기 적성 영어 강사로 강의를 시작한 이래로 다수의 초등학교와 중학교 그리고 고등학교에서 방과 후 영어 강사로 근무하였으며 현재도 활발하게 활동하는 중이다.

ABC

ALPHABET 대문자 및 소문자
자음: Consonant 모음: Vowel

A - a	N - n
B - b	O - o
C - c	P - p
D - d	Q - q
E - e	R - r
F - f	S - s
G - g	T - t
H - h	U - u
I - i	V - v
J - j	W - w
K - k	X - x
L - l	Y - y
M - m	Z - z

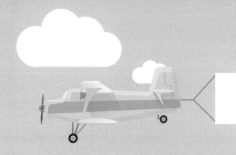

PREFACE

    초등학교 1~2학년 영어가 부활하고 놀이 영어 방식과 음성 언어로 가르쳐야 한다는 교육청 지침이 나옴에 따라 기존 영어 강사들의 수업 운영 방식에 많은 변화가 생겼다. 그동안 놀이 영어 중심의 초등학교 1~2학년 방과후 영어 교재로 마땅한 교재가 없어서 오랜 고민 끝에 이 책을 집필하게 되었다. 1995년에 특기 적성 영어 강사로 한 초등학교에서 강의를 한 이래로 수많은 경험과 노하우를 쌓으며 학생들을 가르쳐 왔고, 미국에서 석사 학위를 위해 유학한 때 만난 수많은 외국 친구들에게 배운 미국의 문화와 언어가 내게 많은 도움이 되었다.

    이 책은 알파벳 순서에 따라 1장 A에서 26장 Z에 이르기까지 다양한 내용을 담고 있다. 파닉스, 영어 단어, 영어 게임, 영어 회화 등을 알기 쉽게 설명하였고, 각 Chapter에 나오는 연관성 있는 것들로 색칠함으로써 다시 한 번 복습할 수 있도록 하였다. 또한, 미순쌤의 기초 영어 회화를 통하여 배운 내용을 문장으로 말하는 연습을 하도록 하였다.

    이 책으로 공부하는 모든 초등학교 1~2학년 학생들이 영어에 더욱 흥미와 관심을 갖고 열심히 공부함으로써 많은 발전이 있기를 소망하며 지도하시는 영어 선생님들께도 좋은 결과가 있기를 소망합니다.

이 미 순 *Misoon Lee*

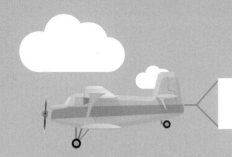

이 책의 활용법

　많은 초등학교 방과 후 수업은 3개월 단위로 수업이 진행되므로 일주일에 두 번 수업할 때 총 12주로 24번 수업을 하게 됩니다. 이 책은 총 26장으로 알파벳 순서로 기록되어 있는데, 18장 Christmas songs와 24장 Games를 제외하고 수업마다 한 Chapter씩 수업을 하시면 됩니다. 18장은 크리스마스 캐럴로 이루어져 있고 24장은 game에 관해 자세히 설명했습니다. 또한, 부록에도 영이 노래가 몇 곡 있습니다. 매 수입 직질히 영어 노래와 영어 게임을 활용하시면 됩니다. Chapter마다 POWERPOINT를 사용하여 시각적 효과를 극대화하고, 또한 다양한 카드와 교구를 사용하셔서 수업에 생동감과 흥미를 주시고 제가 YouTube에 올리는 수업을 참고하시기 바랍니다.

*YouTube로 들어가셔서 미순쌤의 초등 1~2학년 영어를 검색하시기 바랍니다.

CONTENTS

Chapter 01

A & Animals

Phonics A (이중모음)

A [ei]	**tom<u>a</u>to**	**vac<u>a</u>tion**	a가 '에이' 발음이 난다.
A [ei]	**st<u>a</u>tion**	**pot<u>a</u>to**	a가 '에이' 발음이 난다.
A [ei]	**b<u>a</u>kery**	**b<u>a</u>seball**	a가 '에이' 발음이 난다.
AI [ei]	**r<u>ai</u>n**	**Sp<u>ai</u>n**	ai가 '에이' 발음이 난다.
AI [ei]	**tr<u>ai</u>n**	**sn<u>ai</u>l**	ai가 '에이' 발음이 난다.
AI [ɑi]	**T<u>ai</u>wan**	**S<u>ai</u>pan**	ai가 '아이' 발음이 난다.
AI [ɛə]	**ch<u>air</u>**	**<u>air</u>plane**	ai가 '에어' 발음이 난다.
AI [ɛə]	**h<u>air</u>**	**<u>air</u>**	ai가 '에어' 발음이 난다.
AY [ei]	**M<u>ay</u>**	**gr<u>ay</u>**	ay가 '에이' 발음이 난다.
AY [ei]	**r<u>ay</u>**	**d<u>ay</u>**	ay가 '에이' 발음이 난다.

Animals

1	Crane	두루미, 학	13	Peacock	공작(수컷)
2	Crow	까마귀	14	Peahen	공작(암컷)
3	Cuckoo	뻐꾸기	15	Pelican	펠리컨
4	Dove	비둘기	16	Pheasant	꿩
5	Falcon	매	17	Pigeon	비둘기
6	Fly	파 리	18	Raven	큰까마귀
7	Gull	갈매기	19	Sparrow	참 새
8	Humming bird	벌 새	20	Swallow	제 비
9	Ibis	따오기	21	Swan	백 조
10	Magpie	까 치	22	Toucan	큰부리새
11	Mosquito	모 기	23	Turkey	칠면조
12	Owl	올빼미	24	Woodpecker	딱따구리

미순 쌤의
기초 영어 회화

A: Do you know the smallest bird in the world?

B: Yes, I do. It's a humming bird.

B & Countries

Phonics B (B는 주로 'ㅂ' 발음이 나지만 소리가 나지 않는 것들도 있다.)

🔇 : Silent letter(묵음)

B [🔇]	plum**b**er	com**b**
B [🔇]	dum**b**	dou**b**t
B [🔇]	bom**b**	clim**b**
B [🔇]	de**b**t	tom**b**
B [🔇]	lam**b**	num**b**
B [🔇]	thum**b**	lim**b**
B [b]	**b**aseball	**b**eef
B [b]	**b**each	**b**ike
B [b]	**b**ee	**b**ag
B [b]	**b**amboo	**b**reakfast
B [b]	**b**oots	**b**rush
B [b]	**b**adminton	**b**lood

Countries

1	Cambodia	캄보디아	13	Laos	라오스
2	Cameroon	카메룬	14	Moldova	몰도바
3	Chile	칠 레	15	Pakistan	파키스탄
4	Colombia	콜롬비아	16	Philippines	필리핀
5	Costa Rica	코스타리카	17	Romania	루마니아
6	Czech Republic	체 코	18	Rwanda	르완다
7	Finland	핀란드	19	Saudi Arabia	사우디 아라비아
8	Haiti	아이티	20	Senegal	세네갈
9	Hungary	헝가리	21	Slovakia	슬로바키아
10	Indonesia	인도네시아	22	South Africa	남아프리카
11	Iran	이 란	23	Tibet	티베트
12	Iraq	이라크	24	Zimbabwe	짐바브웨

미순 쌤의
기초 영어 회화

A: Do you know where Chile is?

B: Yes, I do.

16

C & Places

Phonics C (C는 여러 다른 발음이 나지만 소리가 나지 않는 것들도 있다.)

🔊× : Silent letter(묵음)

C [🔊×]	su**c**k	mus**c**le	
C [🔊×]	ki**c**k	blo**c**k	
C [🔊×]	clo**c**k	s**c**ience	
C [🔊×]	cres**c**ent	fas**c**inate	
C [k]	**c**row	**c**lean	c가 'ㅋ' 발음이 난다.
C [s]	mi**c**e	**c**ymbals	c가 'ㅅ' 발음이 난다.
C [ʃ]	musi**c**ian	spe**c**ial	c가 '쉬' 발음이 난다.
CH [ʃ]	ma**ch**ine	**ch**ef	ch가 '쉬' 발음이 난다.
CH [tʃ]	**ch**air	pea**ch**	ch가 '취' 발음이 난다.
CH [k]	**Ch**ristmas	**ch**oir	ch가 'ㅋ' 발음이 난다.

Chapter 03

Places

1	Bathhouse	목욕탕	13	Law firm	법률 사무소
2	Cafe	카 페	14	Library	도서관
3	Cathedral	성 당	15	Movie theater	영화관
4	City Hall	시 청	16	Museum	박물관
5	Community Service Center	행정복지센터	17	Nursing home	요양원, 양로원
6	Court	법 원	18	Office	사무실
7	Dormitory	기숙사	19	Orphanage	고아원
8	Factory	공 장	20	Palace	궁 전
9	Farm	농 장	21	Stadium	경기장
10	Gym	체육관	22	Synagogue	유대교 회당
11	Hotel	호 텔	23	Temple	절
12	Inn	여 관	24	Travel agency	여행사

미순 쌤의
기초 영어 회화

A: Have you ever been to a museum?

B: Yes, I have.

D & Hospital

Phonics D (D는 주로 'ㄷ' 발음이 나지만 소리가 나지 않는 것들도 있다.)

🔇 : Silent letter(묵음)

D [🔇]	**We**d**nesday**	**e**d**ge**
D [🔇]	**han**d**some**	**bri**d**ge**
D [🔇]	**han**d**kerchief**	**ba**d**ge**
D [d]	**d**ove	**d**isease
D [d]	**d**ish	**d**irector
D [d]	**d**inner	**d**iplomat
D [d]	**d**angerous	**d**irty
D [d]	**d**aughter	**d**ie
D [d]	**d**eposit	**d**ance
D [d]	Cambo**d**ia	can**d**le
D [d]	erran**d**	car**d**
D [d]	i**d**le	ri**d**dle

Chapter 04

Hospital

1	Blood	혈액, 피	13	Nurse	간호사
2	Clinic	클리닉, 진료소	14	Nursing home	요양원
3	Diagnosis	진 단	15	Outpatient	외래 환자
4	Disease	질 병	16	Patient	환 자
5	Doctor	의 사	17	Physician	내과 의사
6	Donation	기 부	18	Prevention	예 방
7	Emergency room	응급실	19	Sick	아픈, 병든
8	Health	건 강	20	Surgeon	외과 의사
9	Hospital	병 원	21	Surgery	수 술
10	Injection	주 사	22	Therapy	요법, 치료
11	Inpatient	입원 환자	23	Treatment	치 료
12	Medical insurance	의료 보험	24	Volunteer	지원자

미순 쌤의
기초 영어 회화

A: Did you bring your medical insurance card?

B: Yes, I did. Here it is.

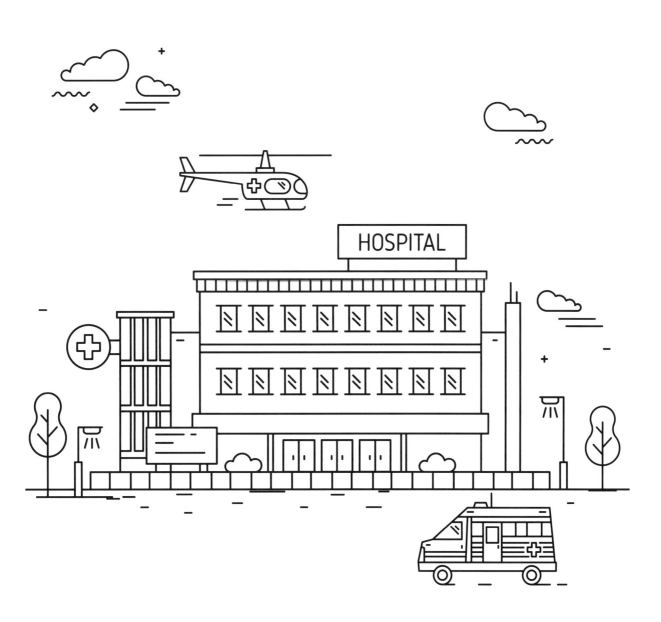

E & Restaurant

Phonics E (이중모음과 묵음)

마지막에 e로 끝나는 단어는 e가 묵음이다. 🔇 : Silent letter(묵음)

hate	like	name	love

EA [ei]	**great**	**steak**	ea가 '에이' 발음이 난다.
FA [ɛə]	**bear**	**pear**	ea가 '에어' 발음이 난다.
EA [i:]	**leaf**	**meat**	ea가 '이~' 발음이 난다.
EA [iə]	**fear**	**year**	ea가 '이어' 발음이 난다.
EA [iə]	**beard**	**hear**	ea가 '이어' 발음이 난다.
EA [i:ə]	**idea**	**Korea**	ea가 '이~어' 발음이 난다.
EE [iə]	**deer**	**meerkat**	ee가 '이어' 발음이 난다.
EE [iə]	**engineer**	**volunteer**	ee가 '이어' 발음이 난다.
EE [i:]	**beef**	**green**	ee가 '이~' 발음이 난다.
EE [i:]	**sleep**	**sweet**	ee가 '이~' 발음이 난다.

Restaurant

1	Beverage	음 료		13	Food	음 식
2	Bowl	사발, 대접		14	Lunch	점 심
3	Breakfast	아침식사		15	Meal	식사, 한 끼
4	Buffet	뷔 페		16	Plate	접 시
5	Cashier	출납원, 계산원		17	Seafood	해산물
6	Catering service	케이터링 서비스		18	Spice	향신료
7	Customer	고 객		19	Table cloth	식탁보
8	Delivery	배 달		20	Take-out	테이크-아웃
9	Diner	간이 식당, 식사 손님		21	Tray	쟁 반
10	Dinner	저녁식사, 공식 만찬		22	Vegetarian	채식주의자
11	Dish	요리, 큰 접시		23	Waiter	웨이터(남자)
12	Fast food	패스트푸드, 즉석 식품		24	Waitress	웨이트리스, 여급

미순 쌤의
기초 영어 회화

A: What kind of food do you want to have for lunch?

B: I want a Chinese food.

F & Jobs

Phonics F (F는 'ㅍ' 발음이 난다.)

F [f]	**fast**	**fencing**
F [f]	**frisbee**	**favorite**
F [f]	**fee**	**friend**
F [f]	**fan**	**furniture**
F [f]	**fork**	**folder**
F [f]	**Fiji**	**flamingo**
F [f]	**flight**	**France**
F [f]	**sofa**	**butterfly**
F [f]	**golf**	**scarf**
F [f]	**beef**	**wolf**
FF [f]	**coffee**	**office**
FF [f]	**waffle**	**giraffe**

Jobs

1	Accountant	회계사	13	Musician	음악가
2	Architect	건축가	14	Nanny	보 모
3	Attorney	변호사	15	Nun	수 녀
4	Baker	제빵사	16	Priest	성직자
5	Carpenter	목 수	17	Professor	교 수
6	Cashier	출납원, 계산원, 점원	18	Prosecutor	검 사
7	Counselor	카운슬러, 상담자	19	Receptionist	접수 안내원
8	Diplomat	외교관	20	Singer	가 수
9	Florist	화초 재배자, 꽃 장수	21	Social worker	사회복지사
10	Housewife	가정주부	22	Soldier	군 인
11	Mayor	시 장	23	Stockbroker	주식 중개인
12	Monk	승 려	24	Web designer	웹 디자이너

미순 쌤의
기초 영어 회화

A: Do you know what Mr. Smith does?

B: Yes, I do. He is a professor.

G & Knowledge

Phonics G (G는 주로 'ㄱ, 쥐' 발음이 나지만 소리가 나지 않는 것들도 있다.)

🔈× : Silent letter(묵음)

G [🔈×]	**sign**	**foreign**	
G [🔈×]	**design**	**campaign**	
G [🔈×]	**gnome**	**reign**	
G [g]	**golf**	**gloves**	g가 'ㄱ' 발음이 난다.
G [dʒ]	**cabbage**	**judge**	g가 '쥐' 발음이 난다.
GH [🔈×]	**bright**	**high**	
GH [🔈×]	**night**	**eight**	
GH [🔈×]	**light**	**tight**	
GH [🔈×]	**daughter**	**height**	
GH [🔈×]	**right**	**tonight**	
GH [f]	**laugh**	**rough**	gh가 'ㅍ' 발음이 난다.
GH [f]	**cough**	**enough**	gh가 'ㅍ' 발음이 난다.

Knowledge

1	Baby teeth	유치, 아기 치아, 젖니	13	Hiccups	딸꾹질
2	Belly button	배 꼽	14	Hunger	배고픔
3	Blood	혈액, 피	15	Protein	단백질
4	Burp	트 림	16	Recycling	재활용
5	Carbohydrate	탄수화물	17	Sneeze	재채기
6	Color-blindness	색 맹	18	Snore	코 골기
7	Dizziness	어지럼증, 현기증	19	Sweat	땀
8	Earwax	귀 지	20	Taste	맛
9	Fart	방 귀	21	Tickle	간지럼
10	Fat	지 방	22	Wisdom tooth	사랑니
11	Fingerprint	지 문	23	Wrinkle	주 름
12	Goose bumps	소 름	24	Yawn	하 품

미순 쌤의
기초 영어 회화

A: What are the four tastes of the tongue?

B: They are sweet, salty, bitter and sour.

◆ The sensations of taste is divided into 4 basic tastes ◆

| Sweet | Salty | Bitter | Sour |

H & Food

Phonics H (H는 주로 'ㅎ' 발음이 나지만 소리가 나지 않는 것들도 있다.)

🔇 : Silent letter(묵음)

H [🔇]	<u>h</u>our	<u>h</u>onest
H [🔇]	<u>h</u>eir	<u>h</u>onor
H [🔇]	w<u>h</u>ite	w<u>h</u>isper
H [🔇]	sc<u>h</u>ool	g<u>h</u>ost
H [🔇]	G<u>h</u>ana	w<u>h</u>ale
H [h]	<u>h</u>edgehog	<u>h</u>ead
H [h]	<u>h</u>ungry	<u>h</u>oliday
H [h]	<u>h</u>ome	<u>h</u>eart
H [h]	<u>h</u>ole	<u>h</u>ockey
H [h]	<u>h</u>ammock	<u>h</u>ammer
H [h]	<u>h</u>en	<u>h</u>ealth
H [h]	<u>h</u>ousewife	<u>h</u>ero

Food

1	Almond	아몬드
2	Barley	보 리
3	Bean	콩
4	Black bean	검은 콩
5	Buckwheat	메 밀
6	Cashew nut	캐슈넛
7	Corn	옥수수
8	Foxtail millet	조
9	Grain	곡 물
10	Green gram	녹 두
11	Kidney bean	신장콩
12	Maize	옥수수

13	Oat	귀 리
14	Pea	완두콩
15	Peanut	땅 콩
16	Pistachio	피스타치오
17	Red bean	팥
18	Rice	쌀
19	Rye	호 밀
20	Sesame	참 깨
21	Soybean	대 두
22	Sugarcane	사탕수수
23	Walnut	호 두
24	Wheat	밀

미순 쌤의
기초 영어 회화

A: What's your favorite nut?

B: It's cashew nut.

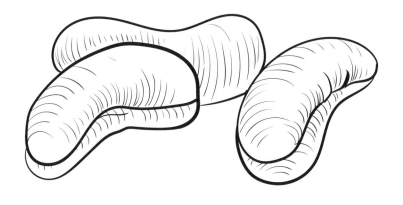

I & Hobbies

Phonics I (이중모음: I는 '아이' 발음이 난다.)

I [ai]	**night**	**miser**
I [ai]	**library**	**idea**
I [ai]	**ice**	**slide**
I [ai]	**hiking**	**light**
I [ai]	**spider**	**bride**
I [ai]	**China**	**virus**
I [ai]	**Friday**	**kind**
I [ai]	**island**	**right**
I [ai]	**diner**	**spice**
I [ai]	**flight**	**diving**

Hobbies

1	Camping	캠 핑	13	Mountain climbing	등산 (암벽, 험한 산)
2	Chatting	채 팅	14	Playing computer games	컴퓨터게임 하기
3	Collecting stamps	우표수집	15	Playing golf	골프 치기
4	Cooking	요 리	16	Playing the piano	피아노 연수하기
5	Cycling	사이클링	17	Reading	독 서
6	Dancing	무 용	18	Shopping	쇼 핑
7	Driving	운 전	19	Singing	노래하기
8	Fishing	낚 시	20	Surfing internet	인터넷 서핑
9	Hiking	하이킹 (가벼운 등산)	21	Taking photos	사진 찍기
10	Jogging	조 깅	22	Traveling	여 행
11	Knitting	뜨개질	23	Walking	걷 기
12	Listening to music	음악 감상	24	Watching TV	TV 보기

미순 쌤의
기초 영어 회화

A: What's your hobby?

B: It's fishing.

J & Noun

Phonics J (J는 '쥐' 발음이 난다.)

J [ʤ]	January	judo
J [ʤ]	Jamaica	jeans
J [ʤ]	jungle gym	jewelry
J [ʤ]	join	Fiji
J [ʤ]	Japan	joy
J [ʤ]	Jewish	subject
J [ʤ]	injection	pajamas
J [ʤ]	object	enjoy
J [ʤ]	job	jogging
J [ʤ]	journalist	jinx

Noun(명사)

1	child	children	어린이(들)	13	niece	nieces	여자조카(들)
2	daughter	daughters	딸(들)	14	parent	parents	부모님(들)
3	friend	friends	친 구(들)	15	prince	princes	왕 자(들)
4	hero	heroes	영 웅(들)	16	professor	professors	교 수(들)
5	king	kings	왕(들)	17	queen	queens	여 왕(들)
6	lady	ladies	숙 녀(들)	18	river	rivers	강(들)
7	lake	lakes	호 수(들)	19	rock	rocks	암 석(들), 바 위(들)
8	leaf	leaves	나뭇잎(들)	20	roof	roofs	지 붕(들)
9	man	men	사 람(들), 남 자(들)	21	son	sons	아 들(들)
10	map	maps	지 도(들)	22	stone	stones	돌(들)
11	mountain	mountains	산(들)	23	tooth	teeth	이(들)
12	nephew	nephews	남자조카(들)	24	woman	women	여 자(들)

미순 쌤의
기초 영어 회화

A: What is the plural form of sheep?

B: Same. It's sheep.

K & Verb

Phonics K (K는 주로 'ㅋ' 발음이 나지만 소리가 나지 않는 것들도 있다.)

◀× : Silent letter(묵음)

K [◀×]	**knife**	**knee**
K [◀×]	**know**	**knight**
K [◀×]	**knot**	**kneel**
K [◀×]	**knock**	**knit**
K [◀×]	**knob**	**knuckle**
K [k]	**kangaroo**	**turkey**
K [k]	**work**	**steak**
K [k]	**kale**	**snake**
K [k]	**kindergarten**	**desk**
K [k]	**skirt**	**bank**

Verb

1	Close	닫 다		13	Open	열 다
2	Come	오 다		14	Run	달리다
3	Cry	울다, 외치다		15	See	보 다
4	Eat	먹 다		16	Sleep	자 다
5	Go	가 다		17	Smell	냄새를 맡다
6	Hate	미워하다		18	Smile	미소 짓다
7	Hear	듣 다		19	Study	공부하다
8	Hurry	서두르다		20	Talk	말하다, 이야기하다
9	Keep	유지하다, 계속하다		21	Think	생각하다
10	Know	알 다		22	Use	사용하다
11	Laugh	웃 다		23	Walk	걷 다
12	Like	좋아하다		24	Write	쓰 다

미순 쌤의
기초 영어 회화

A: Would you close the window?

B: Of course.

L & Baseball

Phonics L (L은 주로 'ㄹ' 발음이 나지만 소리가 나지 않는 것들도 있다.)

🔊× : Silent letter(묵음)

L [🔊×]	**almond**	**ba_l_m**
L [🔊×]	**cha_l_k**	**pa_l_m**
L [🔊×]	**ca_l_f**	**ta_l_k**
L [🔊×]	**sa_l_mon**	**ha_l_f**
L [🔊×]	**wa_l_k**	**ca_l_m**
L [🔊×]	**fo_l_k**	**cou_l_d**
L [🔊×]	**wou_l_d**	**yo_l_k**
L [l]	**_l_ong**	**_l_onely**
L [l]	**b_l_ue**	**p_l_um**
L [l]	**hospita_l_**	**schoo_l_**

Baseball

1	Baseball	야 구	13	Baseball field	야구 필드
2	Umpire	심 판	14	Baseball bat	야구 방망이
3	Head coach	감 독	15	Baseball glove	야구 글러브
4	Pitcher	투 수	16	Runner	주 자
5	Catcher	포 수	17	Helmet	헬 멧
6	Batter	타 자	18	Inning	이 닝(회)
7	First baseman	1루수	19	Score	점 수
8	Second baseman	2루수	20	Offense	공 격
9	Third baseman	3루수	21	Defense	방 어
10	Center fielder	중견수	22	Error	실 책
11	Left fielder	좌익수	23	Home run	홈 런
12	Right fielder	우익수	24	Home plate	홈베이스

미순 쌤의
기초 영어 회화

A: Do you know how to play baseball?

B: Yes, I do.

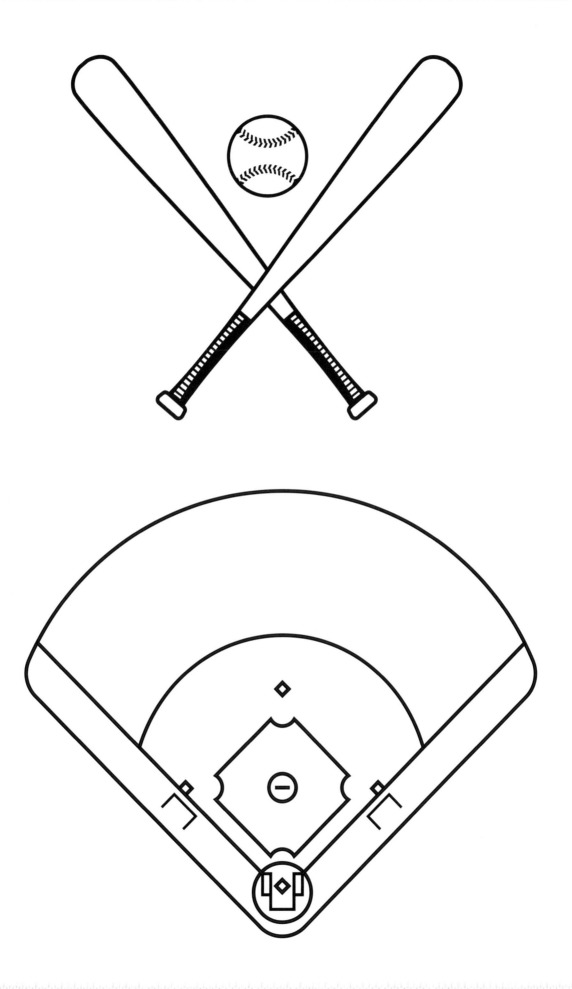

M & Adjective

Phonics M (M은 'ㅁ' 발음이 난다.)

M [m]	**m**ouse	**m**ad
M [m]	**m**echanic	**m**elon
M [m]	**M**arch	**m**inus
M [m]	**M**ercury	**m**oney
M [m]	**m**ushroom	**m**eerkat
M [m]	pu**m**a	phar**m**acy
M [m]	tru**m**pet	dia**m**ond
M [m]	plu**m**ber	co**m**et
M [m]	Ger**m**any	grand**m**a
M [m]	Den**m**ark	har**m**onica
M [m]	Belgiu**m**	syste**m**
M [m]	ice crea**m**	gy**m**

Adjective

1	Beautiful	아름다운		13	Rich	부유한, 풍부한
2	Big	큰		14	Safe	안전한
3	Cute	귀여운		15	Short	짧은
4	Dangerous	위험한		16	Silly	어리석은
5	Fast	빠른		17	Slow	느린
6	Handsome	잘 생긴		18	Small	작은
7	Interesting	흥미로운, 재미있는		19	Strong	강한
8	Kind	친절한		20	Stupid	어리석은
9	Long	긴		21	Ugly	추한, 불쾌한
10	Old	낡은, 늙은		22	Weak	약한
11	Poor	가난한		23	Wise	현명한, 지혜로운
12	Pretty	예쁜		24	Young	젊은

미순 쌤의
기초 영어 회화

A: Which is faster, a bus or a train?

B: I think that a train is faster than a bus.

N & Ordinal numbers

Phonics N (N은 주로 'ㄴ' 발음이 나지만 소리가 나지 않는 것들도 있다.)

🔇 : Silent letter(묵음)

N [🔇]	conde**mn**	colum**n**
N [🔇]	hym**n**	autum**n**
N [n]	**n**ail	**n**ervous
N [n]	**N**ovember	**n**ine
N [n]	**N**orway	**n**umber
N [n]	Ura**n**us	s**n**ake
N [n]	Chi**n**a	clari**n**et
N [n]	seve**n**	gree**n**
N [n]	onio**n**	sunscree**n**
N [n]	su**n**	pumpki**n**

Ordinal numbers

1	1st	first	13	13th	thirteenth
2	2nd	second	14	14th	fourteenth
3	3rd	third	15	15th	fifteenth
4	4th	fourth	16	16th	sixteenth
5	5th	fifth	17	17th	seventeenth
6	6th	sixth	18	18th	eighteenth
7	7th	seventh	19	19th	nineteenth
8	8th	eighth	20	20th	twentieth
9	9th	ninth	21	21st	twenty-first
10	10th	tenth	22	30th	thirtieth
11	11th	eleventh	23	100th	one hundredth
12	12th	twelfth	24	1000th	one thousandth

미순 쌤의
기초 영어 회화

A: What is an example of ordinal numbers?

B: First.

◆ ORDINAL NUMBERS IN KOREAN ◆

1st	2nd	3rd	4th	5th
첫째 (cheot-jjae)	둘째 (dul-jjae)	셋째 (set-jjae)	넷째 (net-jjae)	다섯째 (da-seot-jjae)

6th	7th	8th	9th
여섯째 (yeo-seot-jjae)	일곱째 (il-gob-jjae)	여덟째 (yeo-deol-jjae)	아홉째 (a-hob-jjae)

O & Nature

Phonics O (이중모음과 삼중모음)

O [ou]	**g<u>o</u>ld**	**<u>o</u>ver**	o가 '오우' 발음이 난다.
O [ou]	**m<u>o</u>ld**	**zer<u>o</u>**	o가 '오우' 발음이 난다.
OW [ou]	**wind<u>ow</u>**	**sn<u>ow</u>**	ow가 '오우' 발음이 난다.
OW [ɑu]	**br<u>ow</u>n**	**t<u>ow</u>n**	ow가 '아우' 발음이 난다.
OI [ɔi]	**<u>oi</u>l**	**m<u>oi</u>st**	oi가 '오이' 발음이 난다.
OI [ɔi]	**n<u>oi</u>se**	**v<u>oi</u>ce**	oi가 '오이' 발음이 난다.
OU [ɑu]	**cl<u>ou</u>d**	**m<u>ou</u>th**	ou가 '아우' 발음이 난다.
OU [uə]	**t<u>ou</u>r**	**g<u>ou</u>rmet**	ou가 '우어' 발음이 난다.
OU [ɑuə]	**h<u>ou</u>r**	**s<u>ou</u>r**	ou가 '아우어' 발음이 난다.
OY [ɔi]	**t<u>oy</u>**	**b<u>oy</u>**	oy가 '오이' 발음이 난다.

Nature

1	Bay	만	13	Lake	호수
2	Beach	해변	14	Mountain	산
3	Canyon	깊은 협곡	15	Pond	연못
4	Cave	동굴	16	River	강
5	Cliff	절벽	17	Rock	바위
6	Coast	해안	18	Sand	모래
7	Desert	사막	19	Sea	바다
8	Ebb	썰물	20	Soil	흙
9	Field	들판	21	Stream	개울
10	Flow	밀물	22	Sunset	노을
11	Forest	숲	23	Valley	골짜기, 계곡
12	Grass	풀	24	Waterfall	폭포

미순 쌤의
기초 영어 회화

A: Do you know the tallest waterfall in
the world?

B: Yes, I do. It's Angel Falls in Venezuela.

P & Adjective 2

Phonics P (P는 주로 'ㅍ' 발음이 나지만 소리가 나지 않는 것들도 있다.)

🔇× : Silent letter(묵음)

P [🔇×]	psalm	receipt
P [🔇×]	psychology	corps
P [🔇×]	pneumonia	coup
P [🔇×]	cupboard	psycho
P [p]	plus	proud
P [p]	penguin	piano
P [p]	polar bear	police
P [p]	Spain	spring
P [p]	grandpa	magpie
P [p]	jump	lip

Adjective 2

1	Careful	꼼꼼한, 조심성 있는	13	Gentle	부드러운, 온화한
2	Clean	깨끗한	14	Hard	단단한
3	Different	다 른	15	Harmful	해로운
4	Difficult	어려운	16	Lovely	사랑스런, 멋진, 이름다운
5	Dirty	더러운	17	Outstanding	두드러진, 뛰어난
6	Dizzy	어지러운, 현기증이 나는	18	Quick	빠 른
7	Early	일찍, 이른	19	Same	같 은
8	Easy	쉬 운	20	Smart	똑똑한
9	False	그릇된, 가짜의	21	Soft	부드러운
10	Foolish	어리석은	22	Special	특별한
11	Friendly	친 한	23	True	진정한, 진짜의
12	Full	완전한, 가득 찬	24	Useful	유능한, 쓸모있는

미순 쌤의
기초 영어 회화

A: Is it true or false?

B: It's true.

Q & Verb 2

Phonics Q (Q는 'ㅋ' 발음이 난다.)

Q [k]	in**q**uire	a**q**ua
Q [k]	Ira**q**	e**q**uipment
Q [k]	li**q**uor	mas**q**ue
Q [k]	pla**q**ue	anti**q**ue
Q [k]	ban**q**uet	bou**q**uet
Q [k]	**q**uake	a**q**uatic
Q [k]	**q**uote	**q**uilt
Q [k]	**q**uarrel	**q**uite
Q [k]	mos**q**ue	uni**q**ue
Q [k]	s**q**uid	earth**q**uake

Verb 2

1	Catch	잡다, 발견하다		13	Nag	잔소리하다
2	Dance	춤추다		14	Paint	색칠하다
3	Draw	그리다		15	Rub	문지르다, 비비다
4	Envy	부러워하다		16	Sing	노래하다
5	Find	찾다, 발견하다		17	Sit	앉 다
6	Give	주 다		18	Sneeze	재채기하다
7	Grow	자라다		19	Stand	서다, 세우다
8	Jump	점프하다, 뛰다		20	Start	출발하다
9	Live	살 다		21	Turn	돌다, 바꾸다
10	Love	사랑하다		22	Watch	보 다
11	Make	만들다		23	Worry	걱정하다
12	Mark	표시하다		24	Yawn	하품하다

미순 쌤의
기초 영어 회화

A: You look pale. Do you worry something?

B: No. I just got up.

Chapter 18

R & Christmas songs

Phonics R (R은 '르' 발음이 난다.)

R [r]	**ring**	**relative**
R [r]	**room**	**row**
R [r]	**Greece**	**Peru**
R [r]	**tired**	**proud**
R [r]	**horse**	**zebra**
R [r]	**brave**	**brother**
R [r]	**nurse**	**tram**
R [r]	**March**	**gorilla**
R [r]	**crane**	**farm**
R [r]	**summer**	**tiger**
R [r]	**barber**	**finger**
R [r]	**river**	**waiter**

Christmas songs

Silent Night, Holy Night

Silent night holy night,

All is calm all is bright

Round yon virgin mother and child

Holy infant so tender and mild

Sleep in heavenly peace sleep in heavenly peace

Joy to the world

Joy to the world, the Lord is come!

Let earth receive her King

Let every heart prepare him room

And heaven and nature sing

And heaven and nature sing

And heaven and heaven and nature sing

Christmas songs

Angels we have heard on high

Angels we have heard on high

Singing sweetly through the night

And the mountains in reply

Echoing their brave delight

Gloria in excelsis Deo

Gloria in excelsis Deo

The first Noel

The first Noel the angel did say

Was to certain poor shepherds in fields as they lay

In fields where they lay keeping their sheep

On a cold winter's night that was so deep

Noel Noel Noel Noel Born is the King of Israel

미순 쌤의
기초 영어 회화

A: What will you do this coming Christmas?

B: I will visit my grandma's house.

Grandma's House

S & Homonym

Phonics S (S는 주로 'ㅅ, ㅈ' 발음이 나지만 소리가 나지 않는 것들도 있다.)

🔊× : Silent letter(묵음)

S [🔊×]	i**s**land	ai**s**le	
S [z]	mu**s**ic	vi**s**a	s가 'ㅈ' 발음이 난다.
S [z]	noi**s**e	wi**s**e	s가 'ㅈ' 발음이 난다.
S [z]	ro**s**e	poi**s**on	s가 'ㅈ' 발음이 난나.
S [z]	mu**s**eum	de**s**ert	s가 'ㅈ' 발음이 난다.
S [z]	pri**s**on	I**s**rael	s가 'ㅈ' 발음이 난다.
S [s]	**s**occer	**s**wim	s가 'ㅅ' 발음이 난다.
S [s]	**s**ofa	**s**alt	s가 'ㅅ' 발음이 난다.
S [s]	**s**teak	**s**tove	s가 'ㅅ' 발음이 난다.
S [s]	**s**urfing	**s**wallow	s가 'ㅅ' 발음이 난다.
S [s]	ho**s**pital	de**s**k	s가 'ㅅ' 발음이 난다.
S [s]	cosmo**s**	cactu**s**	s가 'ㅅ' 발음이 난다.

Homonym(동음이의어)

1	air [ɛər]	공 기	15	write [rɑit]	쓰 다
2	heir [ɛər]	상속인	16	right [rɑit]	오른쪽, 권리
3	knight [nɑit]	기 사	17	sail [seil]	항 해
4	night [nɑit]	밤	18	sale [seil]	판 매
5	cell [sel]	세 포	19	sea [si:]	바 다
6	sell [sel]	판매하다	20	see [si:]	보 다
7	pray [prei]	기도하다	21	weak [wi:k]	약 한
8	prey [prei]	먹 이	22	week [wi:k]	주, 일주일
9	hear [hiər]	듣 다	23	hair [hɛər]	머리카락
10	here [hiər]	여 기	24	hare [hɛər]	산토끼
11	peace [pi:s]	평 화	25	flower [flɑuər]	꽃
12	piece [pi:s]	조각, 부분	26	flour [flɑuər]	밀가루
13	meat [mi:t]	고 기	27	son [sʌn]	아 들
14	meet [mi:t]	만나다	28	sun [sʌn]	태 양

미순 쌤의
기초 영어 회화

A: What is an example of English homonyms?

B: Sea & see.

T & Jobs 2

Phonics T (T는 주로 'ㅌ' 발음이 나지만 소리가 나지 않는 것들도 있다.)

◀× : Silent letter(묵음)

T [◀×]	ballet	debut
T [◀×]	depot	gourmet
T [◀×]	often	chestnut
T [◀×]	listen	castle
T [◀×]	whistle	fasten
T [◀×]	Christmas	soften
T [◀×]	wrestle	hasten
T [t]	tuba	teacher
T [t]	Tibet	tray
T [t]	actor	doctor
T [t]	hot	vet
T [t]	sunset	fart

Chapter 20

Jobs 2

1	Artist	예술가	13	Librarian	사 서
2	Astronaut	우주 비행사	14	Magician	마술사
3	Athlete	운동선수	15	Manager	지배인, 관리인, 감독
4	Bus driver	버스 운전사	16	Merchant	상 인
5	Businessperson	사업가	17	Model	모 델
6	Cartoonist	만화가	18	Photographer	사진사
7	Chef	주방장	19	Realtor	부동산 중개인
8	Dietitian	영양사	20	Reporter	기 자
9	Fisherman	어 부	21	Scientist	과학자
10	Hair dresser	미용사	22	Secretary	비 서
11	Inventor	발명가	23	Soccer player	축구 선수
12	Journalist	언론인	24	Taxi driver	택시 운전사

미순 쌤의
기초 영어 회화

A: What do you do?

B: I'm a manager.

U & Fairy tale

Phonics U (이중모음과 묵음)

🔇 : Silent letter(묵음)

U [🔇]	**biscuit**	**guide**
U [🔇]	**tongue**	**guess**
U [🔇]	**building**	**guitar**
U [🔇]	**rogue**	**guest**
U [🔇]	**vogue**	**guard**
U [🔇]	**squid**	**quiz**
U [🔇]	**unique**	**mosque**
U [🔇]	**antique**	**quake**
U [🔇]	**quite**	**earthquake**
U [uə]	**sure**	**lure**	u가 '우어' 발음이 난다.
U [juə]	**pure**	**cure**	u가 '유어' 발음이 난다.

◆ 예외: January [ʤænjueri]에서는 u가 발음됩니다. ◆

Fairy tale

1	Beast	짐승, 야수		13	Master	주 인
2	Castle	성		14	Mermaid	인 어
3	Devil	악 마		15	Monster	괴 물
4	Dragon	용		16	Nymph	님프, 요정 (그리스 신화)
5	Dwarf	난쟁이		17	Ogres	괴물 (신화)
6	Elf	요 정		18	Servant	하 인
7	Fairy	요 정		19	Spell	주문, 마법
8	Fairy tale	동 화		20	Stepmother	계 모
9	Giant	거 인		21	Troll	괴 물 (북유럽 신화)
10	Gnome	땅의요정, 난쟁이 (유럽 전설)		22	Unicorn	유니콘
11	Goblin	도깨비, 악귀		23	Witch	마 녀
12	Magic	마 법		24	Woodcutter	나무꾼

미순 쌤의
기초 영어 회화

A: What is your favorite fairy tale?

B: Beauty and the Beast.

V & Attractions

Phonics V (V는 'ㅂ' 발음이 난다.)

V [v]	**v**iola	**v**illage
V [v]	**v**oice	**v**an
V [v]	**v**alley	**v**isa
V [v]	**v**ocabulary	**v**ictory
V [v]	**v**ine	**v**inegar
V [v]	**v**ineyard	**v**omit
V [v]	**v**olcano	**v**olume
V [v]	**v**ow	**v**erb
V [v]	e**v**en	o**v**al
V [v]	ele**v**en	di**v**ision
V [v]	ra**v**en	do**v**e
V [v]	de**v**il	ca**v**e

Attractions

1	Big Ben	빅벤(시계탑) – 영국	13	Pyramid	피라미드 – 이집트
2	British Museum	대영 박물관 – 영국	14	Statue of Liberty	자유의 여신상 – 미국
3	Buckingham Palace	버킹엄 궁 – 영국	15	Stonehenge	스톤헨지 – 영국
4	Central Park	센트럴 파크 – 미국	16	Summer Palace	이화원 – 중국
5	Colosseum	콜로세움 – 이탈리아	17	Taj Mahal	타지마할 – 인도
6	Forbidden City	자금성 – 중국	18	The Eiffel Tower	에펠탑 – 프랑스
7	Golden Gate Bridge	금문교 – 미국	19	The Great Sphinx of Giza	기자의 대스핑크스 – 이집트
8	Grand Canyon National Park	그랜드 캐니언 국립공원-미국	20	The Great Wall	만리장성 – 중국
9	Leaning Tower of Pisa	피사의 사탑 – 이탈리아	21	Tower of London	런던탑 – 영국
10	Mount Everest	에베레스트산 – 네팔	22	White House	백악관 – 미국
11	Niagara Falls	나이아가라 폭포 – 캐나다	23	Windsor Castle	윈저성 – 영국
12	Opera House	오페라 하우스 – 호주	24	Yosemite National Park	요세미티 국립 공원 – 미국

미순 쌤의
기초 영어 회화

A: What is the most visited tourist attraction in the world?

B: It's Niagara Falls in Canada.

W & Shopping mall

Phonics W (W는 주로 '우' 발음이 나지만 소리가 나지 않는 것들도 있다.)

🔇 : Silent letter(묵음)

W [🔇]	s<u>w</u>ord	ans<u>w</u>er
W [🔇]	t<u>w</u>o	<u>w</u>rong
W [🔇]	<u>w</u>rist	<u>w</u>hole
W [🔇]	<u>w</u>rap	<u>w</u>rite
W [🔇]	<u>w</u>ho	<u>w</u>rinkle
W [🔇]	<u>w</u>restling	<u>w</u>riggle
W [w]	<u>w</u>ish	<u>w</u>indmill
W [w]	<u>w</u>et	<u>w</u>orried
W [w]	<u>w</u>eb	<u>w</u>itch
W [w]	<u>w</u>oodpecker	<u>w</u>aitress
W [w]	s<u>w</u>ing	sub<u>w</u>ay
W [w]	run<u>w</u>ay	<u>w</u>onderful

Shopping mall

#			#		
1	Belt	벨트, 허리띠	13	Pajamas	잠옷, 파자마
2	Candle	양 초	14	Perfume	향 수
3	Cosmetics	화장품	15	Purse	지갑, 핸드백
4	Earrings	귀걸이	16	Ring	반 지
5	Food court	푸드 코트	17	Shoes	신 발
6	Fruit	과 일	18	Suitcase	여행용 가방
7	Fur	모 피	19	Swimsuit	수영복
8	Furniture	가 구	20	Tableware	식 기
9	Glasses	안 경	21	Underwear	속옷, 내의
10	Home appliance	가전제품	22	Vegetable	야 채
11	Jewelry	보석, 장신구	23	Wallet	지 갑
12	Necklace	목걸이	24	Watch	손목시계

미순 쌤의
기초 영어 회화

A: What do you need as a birthday gift?

B: I need perfume.

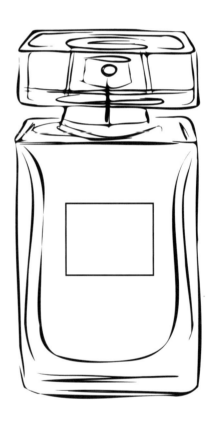

X & Games

Phonics X (X는 여러 다른 발음이 난다.)

X [z]	**xylophone**	**xylophonist**	x는 'ㅈ' 발음이 난다.
X [gz]	**exist**	**exact**	x는 '그ㅈ' 발음이 난다.
X [ks]	**saxophone**	**ox**	x는 '그ㅅ' 발음이 난다.
X [ks]	**expo**	**next**	x는 '그ㅅ' 발음이 난다.
X [ks]	**pixy**	**wax**	x는 '그ㅅ' 발음이 난다.
X [ks]	**fix**	**sixty**	x는 '그ㅅ' 발음이 난다.
X [ks]	**toxin**	**index**	x는 '그ㅅ' 발음이 난다.
X [ks]	**jinx**	**maximum**	x는 '그ㅅ' 발음이 난다.
X [ks]	**axis**	**boxer**	x는 '그ㅅ' 발음이 난다.
X [ks]	**oxen**	**text**	x는 '그ㅅ' 발음이 난다.
X [ks]	**hexagon**	**exit**	x는 '그ㅅ' 발음이 난다.
X [ks]	**Sphinx**	**earwax**	x는 '그ㅅ' 발음이 난다.

Games

◆ 영어 숫자 BINGO GAME ◆

먼저 5×5 표를 만든 후 이 표에 1부터 100까지의 숫자들 중에서 원하는 숫자 25개를 쓴다. 학생들이 돌아가면서 숫자를 영어로 말하고 지워 나간다. 예를 들어 5줄 빙고면 가로, 세로, 대각선으로 5줄을 먼저 만든 학생에게 상품을 준다.

ex)

1	3	7	11	15
12	5	100	99	25
4	2	9	10	30
40	20	24	67	8
88	77	55	21	89

◆ 단어 뽑기 게임 ◆

그동안 배운 영어 단어들을 쪽지에 한글로 적어서 뽑기 상자에 넣어두고 한 명씩 나와서 쪽지 하나를 뽑은 후에 거기에 적혀 있는 한글 단어를 영어로 맞추는 게임

ex) 참 새   정답은 sparrow

미순 쌤의
기초 영어 회화

A: Do you know how to play BINGO game?

B: Yes, I do. Let's play BINGO game.

Y & Animals 2

Phonics Y (이중모음)

Y [ai]	**fly**	**try**	y가 '아이' 발음이 난다.
Y [ai]	**sky**	**cry**	y가 '아이' 발음이 난다.
Y [ai]	**spy**	**firefly**	y가 '아이' 발음이 난다.
Y [ai]	**recycle**	**xylophone**	y가 '아이' 발음이 난다.
Y [ai]	**cycling**	**by**	y가 '아이' 발음이 난다.
Y [ai]	**butterfly**	**hyena**	y가 '아이' 발음이 난다.
Y [ai]	**motorcycle**	**dragonfly**	y가 '아이' 발음이 난다.
Y [ai]	**typhoon**	**cyclone**	y가 '아이' 발음이 난다.
Y [ai]	**dryer**	**fryer**	y가 '아이' 발음이 난다.
Y [ai]	**my**	**shy**	y가 '아이' 발음이 난다.

Animals 2

1	**Anteater**	개미핥기	13	**Impala**	임팔라
2	**Beetle**	딱정벌레	14	**Ladybug**	무당벌레
3	**Beluga**	벨루가	15	**Manatee**	매너티
4	**Caterpillar**	애벌레	16	**Mink**	밍 크
5	**Cockroach**	바퀴벌레	17	**Mole**	두더지
6	**Cricket**	귀뚜라미	18	**Moth**	나 방
7	**Cuttlefish**	갑오징어	19	**Sloth**	나무늘보
8	**Earthworm**	지렁이	20	**Tick**	진드기
9	**Eel**	뱀장어	21	**Wasp**	말 벌
10	**Firefly**	반딧불이	22	**Water strider**	소금쟁이
11	**Flea**	벼 룩	23	**Weasel**	족제비
12	**Fur seal**	물 개	24	**Wild boar**	멧돼지

미순 쌤의
기초 영어 회화

A: What is an animal with a long nose that eats ants?

B: It's an anteater.

Z & Noun 2

Phonics Z (Z는 'ㅈ' 발음이 난다.)

Z [z]	**zookeeper**	**zeal**
Z [z]	**zinc**	**wizard**
Z [z]	**lizard**	**Venezuela**
Z [z]	**cozy**	**lazy**
Z [z]	**plaza**	**razor**
Z [z]	**amazing**	**ozone**
Z [z]	**bronze**	**zucchini**
Z [z]	**breezy**	**prize**
Z [z]	**crazy**	**zipcode**
ZZ [z]	**dizzy**	**puzzle**

Noun 2

1	**Air**	공기	13	**Hut**	오두막
2	**Bone**	뼈	14	**Igloo**	이글루
3	**Bride**	신부	15	**Insect**	벌레, 곤충
4	**Bug**	벌레, 곤충	16	**Key**	열쇠
5	**Cell**	세포	17	**Ladder**	사다리
6	**Elevator**	엘리베이터	18	**Liar**	거짓말쟁이
7	**Errand**	심부름	19	**Mop**	대걸레
8	**Flag**	깃발	20	**Nest**	둥지
9	**Gate**	문, 출입구	21	**Orphan**	고아
10	**Germ**	세균	22	**Twin**	쌍둥이
11	**Groom**	신랑	23	**Vase**	꽃병
12	**Hope**	희망	24	**Wig**	가발

미순 쌤의
기초 영어 회화

A: They look almost same. Are they twins?

B: Yes, they are.

English songs

Hokey Pokey

You put your right hand in You put your right hand out
You put your right hand in and you shake it all about
You do the hokey pokey and you turn yourself around
That's what it's all about!

You put your left hand in You put your left hand out
You put your left hand in and you shake it all about
You do the hokey pokey and you turn yourself around
That's what it's all about!

You put your right foot in You put your right foot out
You put your right foot in and you shake it all about
You do the hokey pokey and you turn yourself around
That's what it's all about!

You put your left foot in You put your left foot out
You put your left foot in and you shake it all about
You do the hokey pokey and you turn yourself around
That's what it's all about!

Hickory dickory dock

Hickory dickory dock The mouse ran up the clock
The clock struck one The mouse ran down
Hickory dickory dock

Hickory dickory dock The mouse ran up the clock
The clock struck two The mouse ran down
Hickory dickory dock

Rain rain go away

Rain rain go away Come again another day
Little baby wants to play Rain, rain go away

Five little monkeys

Five little monkeys jumping on the bed
One fell down and broken his head
Mama called the doctor and the doctor said
No more monkeys jumping on the bed

무록

The wheels on the bus

The wheels on the bus go round and round
round and round round and round
The wheels on the bus go round and round
All through the town

The horn on the bus goes beep beep beep
beep beep beep beep beep beep
The horn on the bus goes beep beep beep
All through the town

Teddy bear

Teddy bear teddy bear Turn around
Teddy bear teddy bear Touch the ground
Teddy bear teddy bear Shine your shoes
Teddy bear teddy bear That will do!
Teddy bear teddy bear Go upstairs
Teddy bear teddy bear Say your prayers
Teddy bear teddy bear Turn off the light
Teddy bear teddy bear Say "Good night"

This is the way

This is the way we wash our face
wash our face wash our face
This is the way we wash our face
So early in the morning

This is the way we comb our hair
comb our hair comb our hair
This is the way we comb our hair
So early in the morning

This is the way we brush our teeth
brush our teeth brush our teeth
This is the way we brush our teeth
So early in the morning

This is the way we put on our clothes
put on our clothes put on our clothes
This is the way we put on our clothes
So early in the morning

미순쌤의
초등 1~2학년 영어 3

펴 낸 날   2022년 06월 15일

지 은 이   이미순
펴 낸 이   이기성
편집팀장   이윤숙
기획편집   서해주, 윤가영, 이지희
표지디자인   서해주
책임마케팅   강보현, 김성욱
펴 낸 곳   도서출판 생각나눔
출판등록   제 2018-000288호
주   소   서울 잔다리로7안길 22, 태성빌딩 3층
전   화   02-325-5100
팩   스   02-325-5101
홈페이지   www.생각나눔.kr
이 메 일   bookmain@think-book.com

• 책값은 표지 뒷면에 표기되어 있습니다.
  ISBN 979-11-7048-032-7 (63740)